# OTTAWA-HULL

and the National Capital Region    et la région de la Capitale nationale

WHITECAP BOOKS

# Acknowledgements

First edition 1983

Published by
**Whitecap Books Limited,**
**Ste. 1, 431 Mountain Highway,**
**North Vancouver, B.C.**

ISBN 0-920620-40-X

© Whitecap Books Ltd.

Designed by Michael Burch
Printed and bound by D. W. Friesen and Sons Ltd.
Colour separations by Jack Berger Ltd.

We gratefully acknowledge the assistance of
the National Capital Commission in the
publication of this book.

Printed in Canada

# Remerciements

Première édition 1983

Publié par
**Whitecap Books Ltée**
**Ste. 1, 431 Mountain Highway**
**Vancouver Nord, Colombie-Britannique**

ISBN 0-920620-40-X

© Whitecap Books Ltée

Conception graphique: Michael Burch
Impression et reliure: D. W. Friesen and Sons Ltée
Séparation de couleurs: Jack Berger Ltée

Nous tenons à remercier la Commission de la
Capitale nationale pour sa collaboration à la
publication du présent ouvrage.

Imprimé au Canada

# Photography                    Photographies

P. 1, Ewald Richter, P. 2, P. 3 upper l., T. Atkinson, P. 3 upper r, lower l & r, Ewald Richter, P. 4, T. Atkinson, P. 5, 6, 7, 8 & 9, 10, Ewald Richter, P. 11, T. Atkinson, P. 12, 13, 14, 15, 16, 17, 18, 19, Ewald Richter, P. 20, Malak, P. 21 upper r, T. Atkinson, P. 21 upper l, lower l & r, Ewald Richter, P. 22, Malak, P. 23, 24 & 25, 26, 27, 28, 29, Ewald Richter, P. 30, T. Atkinson, P. 31, 32, Ewald Richter, P. 33, T. Atkinson, P. 34, 35, Ewald Richter, P. 36, T. Atkinson, P. 37, Ewald Richter, P. 38, T. Atkinson, P. 39, Ewald Richter, P. 40 & 41, Malak, P. 42, T. Atkinson, P. 43, Ewald Richter, P. 44, T. Atkinson, P. 45, 46, 47, Ewald Richter, P. 48, 49, NCC Photo Collection, P. 50, Ewald Richter, P. 51, 52, 53, 54, 55, T. Atkinson, P. 56 & 57, Malak, P. 58 upper l, T. Atkinson, P. 58 upper r, lower l, Ewald Richter, P. 59, 60, Malak, P. 61, T. Atkinson, P. 62, Ewald Richter, P. 63, Art Holbrook, P. 64, 65, Malak, P. 66, 67, 68 & 69, Ewald Richter, P. 70, Malak, P. 71, Ewald Richter, P. 72 & 73, Malak, P. 74, Ewald Richter, P. 75, T. Atkinson, P. 76, Ewald Richter, P. 77, T. Atkinson, P. 78, 79, 80, Ewald Richter.

---

# The National Capital Region

Life was slow to start in the National Capital Region.

Six hundred million years after life began amidst the mountains and seas which then enveloped it, there were still only a few Indian hunters. Brulé and Champlain, paddling up the Ottawa River early in the seventeenth century, were the first Europeans to wonder at the natural beauty of the rolling forest lands cut by three rivers and dramatic waterfalls. For two hundred years afterwards, the few who came to the Region were mainly transients pushing westward towards elusive riches.

Then in 1800 Philemon Wright came from New England in search of timber to satisfy new European markets. He pushed back the frontier to found Hull on the north shore of the Ottawa River. With virgin forest stands, water power for mills, and innovative rafts to float the timber to waiting ships in Montreal, the settlement prospered. By 1826 it had a thousand people, mostly woodsmen of French and Irish background.

That was when Colonel John By arrived to build the Rideau Canal and found the future City of Ottawa. With his two companies of Royal Sappers and Miners and thousands of workers from Québec and the British Isles, he cut through the wilderness to construct a safe military waterway which would reduce dependence on the stretch of the St. Lawrence River vulnerable to American invasion. It was one of the great engineering feats of the age. With primitive technology, far from a base of supply, Ottawa and Kingston were linked by blasting rocks, deepening rivers, and draining malarial swamps. Nothing of such magnitude had ever been attempted in North America, and in all the world only two dams had ever been built higher than those which By constructed on that colonial frontier. The military canal, completed in 1832, was never needed for war but it had immediate commercial value. A century later it became one of the most important recreational waterways in Canada.

In 1858 Queen Victoria selected Ottawa as the capital of Upper and Lower Canada. With astonishing speed, the extraordinarily ambitious and lavish Parliament Buildings began to rise on the edge of a backwoods logging town. They were a remarkable testament of faith in the future of the colony. Though the Centre Block had to be rebuilt, with a majestic new Peace Tower, after a disastrous fire in 1916, the other buildings on the Hill remain. The East Block, considered by many to be the most historic building in Canada, has recently been restored and opened to visitors.

Though the reasons for selecting Ottawa as the National Capital were complex, history has endowed the decision with enduring wisdom. Fortunately the military considerations for avoiding a city near the American border have disappeared. The region of Ottawa and Hull is on the meeting edge of Canada's two founding cultures, reflecting both as nowhere else in Canada. It has a remarkable setting which has been enhanced, rather than destroyed, by man.

With a frame of Gatineau Hills to the north and the Rideau lowlands to the south, the Region is cut by the Ottawa, Gatineau and Rideau Rivers, now with the added amenities of the Rideau Canal. There are dramatic waterfalls and rapids. The challenge, in which the National Capital Commission and its predecessor organizations have played a leading part, is to improve on nature with parks and parkways, trails, open spaces, historic conservation and urban planning, seeking to be a model for all Canada. The highest aim is to make the National Capital a place for people.

Ottawa and Hull are the centre of a National Capital

# La région de la Capitale nationale

La région de la Capitale nationale n'a été colonisée que tardivement.

De fait, six cents millions d'années après que la vie eut germé au sein des montagnes et des océans qui inondèrent la région, à peine quelques chasseurs indiens l'habitaient. Brûlé et Champlain, qui remontèrent la rivière des Outaouais au début du dix-septième siècle, furent les premiers Européens à pouvoir admirer la beauté de ses forêts onduleuses, découpées par trois rivières et de superbes chutes. Au cours des deux cents ans qui suivirent, les quelques humains qui y mirent les pieds n'effectuaient, pour la plupart, qu'un bref arrêt sur le chemin de l'Ouest où ils espéraient faire fortune.

En 1800, Philémon Wright vint de la Nouvelle-Angleterre dans le but de trouver le bois de construction que réclamaient les marchés européens. Il recula les limites des terres connues au-delà de la rive nord de la rivière des Outaouais où il établit la ville de Hull. Avec ses immenses forêts vierges, une énergie hydraulique suffisante pour alimenter les moulins et d'ingénieux radeaux pour acheminer le bois vers Montréal où des bateaux l'attendaient, la jeune colonie possédait les éléments nécessaires à sa prospérité. Avant 1826, elle comptait 1000 habitants dont la majorité étaient des bûcherons d'origine française ou irlandaise.

C'est à cette époque que le Colonel By arriva dans la région pour y construire le canal Rideau et établir ce qui allait devenir Ottawa. Les deux régiments de Sapeurs et de Mineurs qui se trouvaient sous ses ordres et des milliers d'ouvriers québécois et britanniques creusèrent une voie navigable sûre à travers un pays sauvage pour que la colonie n'ait plus à utiliser le segment du Saint-Laurent d'où une invasion américaine risquait de venir. C'était l'un des grands chefs-d'oeuvre techniques de l'époque. Avec des moyens rudimentaires et loin des sources d'approvisionnement, on parvint à relier Ottawa et Kingston en faisant sauter des rochers, en creusant les lits des rivières et en drainant des marais infestés par la malaria. Rien de pareil n'avait jamais été entrepris en Amérique du Nord; et dans tout l'univers il n'existait que deux barrages plus élevés que celui érigé par By dans ce pays à peine civilisé. Ce Canal, conçu pour assurer la défense militaire, fut terminé en 1832 mais ne fut jamais utilisé à cette fin. Cependant, il acquit rapidement une grande importance comme route commerciale. Un siècle plus tard, il devint une des plus importantes voies de navigation de plaisance du Canada.

En 1858, la reine Victoria choisit Ottawa comme Capitale du Haut et du Bas-Canada. En peu de temps, les imposants et somptueux édifices du Parlement se dressèrent aux abords d'un village de bûcherons à peine sorti de la forêt. C'était là un acte de foi dans l'avenir de la colonie. En 1916, un incendie a dévasté l'édifice du Centre qui a dû être rebâti, mais les autres édifices demeurent intacts. L'édifice de l'Est, que plusieurs disent être l'édifice administratif le plus ancien au Canada, a récemment été restauré et ouvert au public.

Les raisons du choix d'Ottawa comme Capitale nationale sont confuses, mais l'histoire a confirmé ce choix comme judicieux. Heureusement, les préoccupations d'ordre militaire qui justifiaient le choix d'une ville éloignée des frontières américaines ne valent plus. La région Hull-Ottawa est le miroir des cultures des deux peuples fondateurs comme nulle part ailleurs au Canada. Son décor extraordinaire a été mis en valeur, plutôt que détruit, par la main de l'homme.

La région est encadrée des collines de la Gatineau, au nord et des basses terres de la rivière Rideau, au sud; les rivières des Outaouais et Gatineau et la Rideau avec son canal, viennent découper ce paysage. Des chutes et d'impressionnants rapides viennent compléter le décor. La Com-

Region which covers 4,662 square kilometres of Eastern Ontario and Western Québec, including all or part of 27 municipalities. It is home to about 745,000 people. Though the federal government was once the largest employer, more and more skilled workers are being attracted to the high technology industries for which Ottawa is becoming known around the world.

Downtown Hull, once languishing economically, is the focus of new development by federal, provincial and municipal governments, as well as private interests. Beyond the modern offices and shopping centres, the face of Western Québec has changed with the spread of new driveways, parks and recreation areas.

In the heart of Ottawa, the Sparks Street Mall was the first successful pedestrian retreat in the heart of a Canadian city. Strolling musicians enliven the lunch hours of the throngs who come there daily throughout the year. Less than a kilometre away, the Rideau Centre has now transformed an ailing commercial district into a place for people with its new convention centre, hotel, stores and boutiques.

Through all the seasons, the National Capital Region provides unmatched recreation, festivals, concerts and other entertainment for those who live here and those who visit. Where else can you skate eight kilometres on the world's longest skating rink, or see half a million tulips bloom, or watch money being coined, or walk in the footsteps of voyageurs around the rapids?

Where else can you ride on 100 kilometres of paths made for bicycles, or go for a woodland hike along 200 kilometres of old Indian hunting trails?

You can do such things in the Capital of Canada. It is a microcosm of the nation, with a mix of the two founding cultures and every other ethnic group which has populated the country. This cultural diversity helps shape the character of the community and make the visitor feel at home.

This is a centre of museums and cultural institutions. In the National Museum of Science and Technology visitors can try a hand at producing electricity or solving riddles of physics. The National Arts Centre is a showcase for the world's performing arts.

The historic Victoria Museum houses both the National Museum of Natural Sciences and the National Museum of Man. This latter will move soon to Laurier Park on the north side of the Ottawa River in Hull. Outstanding art from Canada and the world is on display at the National Gallery. The Canadian War Museum collects and displays memorabilia of Canada's war days. At the National Aeronautical Collection are 50 aircraft dating as far back as 1909.

Visitors can stroll through the park-like grounds of Rideau Hall, residence of every Governor General since 1865; they may even see there a cricket game, played with the polite imperturbability of Victorian England and the zest of new Canadians from Australia, New Zealand, India, Pakistan and the Caribbean. Downtown, they can sit in the Supreme Court and see justice being done in the highest tribunal in the land. Across the road in the Bank of Canada is the Currency Museum.

The eyes of the nation are on Confederation Square on November 11 when Canada honours its war dead at the National War Memorial.

Two major universities are in the Capital: the University of Ottawa and Carleton University. A community college, Algonquin, has several campuses. There is also a General and Professional Educational College, and a branch of the University of the Province of Québec.

Thanks to the National Capital Commission, which coordinates the efforts of civic groups, the Capital is becoming the festival centre of Canada.

The Festival of Spring celebrates the blooming of half a million tulips, more than in any other city of the world. The Capital's love affair with tulips began with a gift of bulbs from Queen Juliana of the Netherlands in appreciation of wartime hospitality she received in the Capital.

mission de la Capitale nationale, à l'instar des organismes qui l'ont précédée, a relevé le défi de mettre en valeur la nature en l'embellissant de parcs, promenades, sentiers, espaces ouverts; en restaurant des édifices historiques et en effectuant des travaux d'urbanisme, de sorte que la Capitale soit un modèle pour tout le Canada.

Ottawa et Hull constituent le coeur de la région de la Capitale nationale, occupent une superficie de 4500 kilomètres carrés de l'Est de l'Ontario et de l'Ouest du Québec, et regroupent 27 municipalités, en entier ou en partie. Une population d'environ 745 000 personnes y habitent. Le gouvernement fédéral a été le plus gros employeur, mais de plus en plus de techniciens et de spécialistes se dirigent vers les industries technologiques de pointe pour lesquelles Ottawa est de plus en plus connue dans le monde entier.

Le centre-ville de Hull, qui a eu ses périodes de difficultés économiques, fait actuellement l'objet de projets de développement auxquels collaborent les gouvernements fédéral, provincial et municipal et des intérêts du secteur privé.

La face de l'Ouest québécois a été transformée par des immeubles administratifs et des centres d'achats et au-delà de ce paysage urbain on a aménagé des promenades, des parcs et des zones de loisirs.

Le Mail de la rue Sparks, au centre-ville d'Ottawa, fut la première rue piétonnière dans une ville canadienne. Des musiciens ambulants divertissent les foules qui s'y amassent le midi au fil des saisons. À moins d'un kilomètre de là, le Centre Rideau vient revitaliser un secteur commercial auquel on a donné un visage plus humain en y ajoutant un palais des congrès, un hôtel, des magasins et des boutiques.

En toute saison, la région de la Capitale nationale offre des activités incomparables: festivals, concerts et une foule d'autres activités, pour le plus grand plaisir des résidants et des visiteurs. Nulle part ailleurs dans l'univers peut-on s'aventurer sur une patinoire de huit kilomètres, voir fleurir un demi-million de tulipes, voir la frappe de pièces de monnaie ou marcher dans les pas des explorateurs en contournant des rapides!

C'est la seule ville où l'on puisse se promener le long de 60 kilomètres de pistes cyclables et 150 kilomètres de sentiers où chassaient autrefois les Indiens et que l'on peut emprunter pour faire une randonnée en forêt. Tout cela est possible dans la région de la Capitale nationale.

C'est un microcosme de la nation, riche d'une population où se retrouvent les cultures des deux peuples fondateurs et celles de tous les groupes ethniques établis aux quatre coins du pays. Cette diversité culturelle donne un cachet tout spécial à la région et est un gage de bienvenue pour les visiteurs du monde entier.

C'est aussi un centre culturel qui abrite des musées et des institutions culturelles. Au musée national des Sciences et de la Technologie, les visiteurs peuvent s'improviser scientifiques et essayer de faire de l'électricité ou résoudre des problèmes de physique. Le Centre national des Arts met à l'affiche des spectacles du monde entier.

L'édifice historique du musée Victoria abrite le musée national des Sciences naturelles et le musée national de l'Homme. Ce dernier déménagera prochainement dans le parc Laurier, sur la rive nord de la rivière des Outaouais. La Galerie nationale expose des oeuvres d'artistes du Canada et du monde entier. Le musée canadien de la Guerre présente des collections d'articles et de souvenirs de guerre. La Collection aéronautique nationale compte 50 avions dont certains modèles datent du tournant du siècle.

Les visiteurs peuvent faire une promenade sur les terrains de Rideau Hall, résidence officielle du Gouverneur général depuis 1865; peut-être pourront-ils y être témoins d'un match de cricket se déroulant dans le calme poli et imperturbable, caractéristique de l'Angleterre de l'époque victorienne et avec l'enthousiasme des néo-canadiens venus de Nouvelle-Zélande, des Indes, du Pakistan et des Caraïbes. Au centre-ville, les visiteurs peuvent voir le déroulement d'un procès à la Cour suprême. En face, à l'édifice de la Banque du Canada, on peut voir la collection des devises canadiennes.

Throughout the summer, festivals celebrate our cultural heritage. The Canada Canoe Festival recalls the contributions of native peoples, the voyageurs, fur traders and explorers who opened up the country. Music festivals are organized by the National Arts Centre. There are concerts in the parks on both sides of the Ottawa River. On summer mornings thousands come to see the Changing the Guard ceremony on Parliament Hill.

The explosion of autumn colours provides its own unique festival, whether seen from the distance of the Peace Tower, or close up in the Gatineau Hills.

Once winter was something to be endured. Now, it seems, almost everyone is involved in winter recreation. There have been more than 100,000 people on the Canal on a single day. The Region is laced with 300 kilometres of trails which are taken over by skiers and snowshoers. Alpine skiers have a large choice of hills within 25 kilometres of Parliament Hill. During the ten-day festival known as Winterlude, winter is celebrated with horse-racing on the ice, an ice-sculpture contest, figure skating, ski marathons and every imaginable winter sport.

The cities of the National Capital Region are fortunate in their green spaces in parks, along parkways and touches of the country almost in the cities' centres. Encircling the core of Ottawa is the Greenbelt, used largely for conservation and agriculture. Gatineau Park is a wilderness recreation area within sight of the centre of the Capital.

History is well preserved in the Capital Region, both in the countryside and in the cities: the Mackenzie King Estate in Gatineau Park, the Wakefield Mill, Ottawa's Mile of History, the Market Area, Sandy Hill, New Edinburgh, and countless Victorian buildings refurbished to serve modern needs.

The Capital has come a long way from its early logging days. Through the endowment of nature and the work of man, the National Capital is becoming a symbol of unity, a place of beauty and a source of pride to all Canadians.

———————————

La nation canadienne rend hommage aux soldats tombés sous les drapeaux lors d'une cérémonie qui a lieu le 11 novembre sur la place où se trouve le Monument aux morts.

Deux universités importantes ont leur siège dans la Capitale: l'Université d'Ottawa et l'Université Carleton. Le Collège communautaire Algonquin, qui s'y trouve également, compte plusieurs campus. Il y a aussi un Collège d'enseignement général et professionnel et une composante de l'Université du Québec.

Grâce à la Commission de la Capitale nationale qui travaille en collaboration avec des groupes communautaires, la Capitale devient graduellement le centre des festivals au Canada.

Le Festival du printemps voit s'épanouir près d'un demi-million de tulipes, plus que dans tout autre ville du monde. La Capitale est devenue la "Capitale de la tulipe" après que la reine Juliana des Pays-Bas eut fait cadeau de bulbes de tulipes en signe de remerciement pour l'hospitalité que lui offrit la Capitale pendant la Seconde Guerre mondiale.

Tout au cours de l'été, une gamme de festivals célèbrent notre riche patrimoine culturel. Le Festival canadien du canot nous rappelle la part qu'ont joué les autochtones, les voyageurs, les commerçants de pelleteries et les explorateurs qui ont ouvert le pays. Le Centre national des Arts pour sa part, présente des festivals de musique. Il y a des concerts dans les parcs, tant du côté ontarien que québécois de la rivière des Outaouais. Le matin, l'été, des milliers de personnes assistent à la cérémonie de la relève de la Garde sur la colline du Parlement.

Les forêts de la Gatineau offrent leur propre festival avec l'explosion de couleurs automnales. Cette scène est aussi spectaculaire, vue de la Tour de la Paix, que de près, sur les collines de la Gatineau.

Jusqu'à ces dernières années, l'hiver n'était qu'une longue et froide saison qu'il fallait endurer. Mais aujourd'hui presque tout le monde semble prendre part à des activités récréatives d'hiver. Il s'est vu des jours où plus de 100 000 personnes ont patiné sur le canal. Skieurs et raquetteurs envahissent les quelque 300 kilomètres de pistes de la région. Les skieurs qui aiment la descente peuvent choisir parmi plusieurs centres, à moins de 25 kilomètres de la colline du Parlement et pendant dix jours, le Bal de Neige vient animer l'hiver avec des courses de chevaux sur glace, un concours de sculptures de neige, des spectacles de patinage artistique, des marathons de ski et un éventail de sports d'hiver pour le moins inhabituels.

Au coeur même des villes de la région de la Capitale nationale, on trouve de nombreux espaces verts, des parcs, des promenades qui ajoutent une note pastorale. Autour d'Ottawa, la Ceinture de verdure est principalement une zone de conservation et d'agriculture. Le parc de la Gatineau est une zone de loisirs en pleine nature que l'on peut apercevoir du centre de la Capitale.

L'histoire est bien vivante dans la campagne et dans les villes de la région de la Capitale nationale: au domaine Mackenzie-King dans le parc de la Gatineau, au moulin de Wakefield, le long du Mille historique d'Ottawa, dans le secteur du marché By, dans la Côte de sable, dans New Edinburgh et dans d'innombrables édifices de l'époque victorienne restaurés et adaptés aux besoins de la vie moderne.

La face de la Capitale a bien changé depuis l'époque des chantiers. Grâce à sa beauté naturelle et au travail de l'homme, la Capitale est devenue un symbole d'unité, une très belle ville et une source de fierté pour tous les Canadiens.

———————————

Parliament Hill provides a spectacular setting for Canada's gothic Parliament Buildings. The original Centre Block was destroyed by fire in 1916. The present building, housing the House of Commons and the Senate, was inaugurated in 1920. The polygonal-shaped Library of Parliament, opened in 1876, survived the fire in 1916.

La colline du Parlement offre une vue spectaculaire des édifices gothiques du Parlement. Le premier édifice du Centre fut détruit par un incendie en 1916 et remplacé en 1920 par l'édifice actuel qui abrite la Chambre des communes et le Sénat. Seule la Bibliothèque en forme de polygone, qui date de 1876, a été épargnée par l'incendie de 1916.

24 Sussex Drive has been the official residence of Canada's prime ministers since 1950. The grey stone mansion on a bluff above the Ottawa River was built in 1867 by lumber merchant Joseph Merrill Currier.

Les Premiers ministres du Canada résident au 24 de la promenade Sussex depuis 1950. Cette magnifique habitation de pierre grise qui surplombe la rivière des Outaouais a été construite en 1867 par le marchand de bois Joseph Merrill Currier.

Each spring half a million tulips bloom along the parkways, driveways, and in the parks throughout the Capital. The most impressive display can be seen along the Rideau Canal.

Tous les printemps, des millions de tulipes fleurissent le long des avenues, des promenades et dans les parcs de la Capitale. Le spectacle est particulièrement éblouissant le long du canal Rideau.

The Peace Tower dominates Parliament Hill and forms the main entrance to the Centre Block. It contains the Memorial Chamber to Canada's war dead, a 53-bell carillon and an observation deck.

La Tour de la Paix domine la colline du Parlement et l'entrée principale de l'Édifice du Centre. On y trouve la Chambre du souvenir en hommage aux Canadiens tombés sous les drapeaux, un carillon de 53 cloches et un observatoire.

The Senate Chamber, also known as the Red Chamber, is the upper house in Canada's parliamentary system. Its main purpose is to review legislation that has been approved by the House of Commons before passing it on for the Governor General's signature.

La Chambre du Sénat, aussi appelée la Chambre rouge, est la Chambre haute dans le système parlementaire canadien. Son rôle principal est d'étudier les lois votées à la Chambre des communes avant qu'elles soient présentées au Gouverneur général pour qu'il y appose sa signature.

Government House, originally called Rideau Hall, is the official residence of the Governor General, the Queen's representative in Canada. The spacious, 35 hectare grounds are often open to the public.

La résidence du Gouverneur général, baptisée Rideau Hall, est la résidence du représentant officiel de la Reine au Canada. Son vaste domaine, qui s'étend sur 35 hectares, est souvent ouvert au public.

In 1865, 27 years after it was built by Thomas Mackay, Colonel By's chief contractor in the building of the Rideau Canal, the government bought Rideau Hall to use as the home of the Governor General. The entrance hall, shown here, was built at this time.

En 1865, 27 ans après l'achèvement de Rideau Hall par Thomas Mackay, maître d'oeuvre du colonel By pendant la construction du canal Rideau, le gouvernement acheta cette résidence pour y loger le Gouverneur général. Le hall d'entrée que nous voyons sur la photo a été construit à cette époque.

Sunrise silhouettes the Parliament Buildings high on a cliff
overlooking the peaceful Ottawa River.

Les édifices du Parlement se profilent au soleil levant, sur un cap surplombant les eaux calmes de la rivière des Outaouais.

Ottawa's former Union Station now houses the Canadian Government Conference Centre. Its interior has many fine architectural details, including an impressive concourse with large stone pillars and an intricately carved ceiling.

L'ancienne gare Union abrite maintenant le Centre des conférences du gouvernement du Canada. Son architecture intérieure présente d'intéressantes caractéristiques telles un hall flanqué d'énormes colonnes de pierre et un plafond garni de motifs sculptés recherchés.

Courtyard at the rear of the Conference Centre, where railway tracks once entered the former Union Station.

La cour à l'arrière du Centre des conférences où se trouvaient les rails qui pénétraient dans l'ancienne gare Union.

The Supreme Court of Canada is the country's highest court of appeal. This imposing building, made of gray, Canadian granite, stands to the west of Parliament Hill. Two bronze doors lead into the magnificent Grand Entrance Hall with marble floors, walls and columns *(opposite)*.

La Cour suprême est la plus haute instance juridique au pays. Elle loge dans cet imposant édifice de granit canadien gris, à l'ouest de la colline du Parlement. Deux portes de bronze s'ouvrent sur le magnifique hall d'entrée dont les planchers, les murs et les colonnes sont tous en marbre. (ci-contre).

The National Aeronautical Collection is considered one of the best of its kind in the world.

La Collection aéronautique nationale est considérée comme l'une des meilleures au monde.

The Capital has many museums for visitors to explore. Their exhibits include former Prime Minister Mackenzie King's study complete with crystal ball, Indian and Inuit artifacts, dramatic displays of dinosaur skeletons, and the development of modern technology.

La Capitale compte plusieurs musées pour satisfaire la curiosité du public. Parmi les pièces en montre, il y a le cabinet de travail de l'ancien premier ministre Mackenzie King où l'on peut même voir la boule de cristal, qui y était toujours en évidence, des objets indiens et inuits, des squelettes de dinosaures et des témoins de l'évolution de la technologie moderne.

A Mountie on a horse has become a symbol of Canada. The central headquarters of the Royal Canadian Mounted Police is in Ottawa.

Le gendarme à cheval est devenu un symbole du Canada. Le quartier général de la Gendarmerie royale du Canada se trouve à Ottawa.

Queen Elizabeth and Prince Philip rode to Parliament Hill with an escort of Mounties during ceremonies proclaiming Canada's Constitution in 1982.

Escortés par des gendarmes, la reine Elisabeth et le prince Philip arrivant en carosse sur la colline du Parlement, à l'occasion de la cérémonie de la proclamation de la Constitution canadienne en 1982.

The Rideau Canal was built between 1826 and 1832 under the direction of Lieutenant-Colonel John By. It connects Ottawa to Kingston via a canal-lake-river system with 47 locks and 24 dams.

Construit de 1826 à 1832, sous la direction du lieutenant-colonel John By, le canal Rideau relie Ottawa et Kingston par un réseau de canaux, de lacs et de rivières et compte 47 écluses et 24 barrages.

Ottawa's Sparks Street Mall was the first success-ful pedestrian mall in the heart of a Canadian city and continues to draw tourists and residents year-round.

Le Mail de la rue Sparks, la première rue piéton-nière aménagée dans une ville canadienne, attire toujours une foule de touristes et de résidents, à longueur d'année.

The Nation's Capital displays different architectural styles such as the Bank of Canada (*facing page*), Les Terrasses de la Chaudière (*upper left*), Maison du Citoyen — Hull's City Hall (*upper right*), Ottawa's City Hall (*lower left*) and External Affairs Canada (*lower right*).

La Région de la Capitale nationale compte nombre d'édifices très modernes tels celui de la Banque du Canada (*ci-contre*), les Terrasses de la Chaudière (*coin supérieur gauche*), la Maison du Citoyen — l'hôtel de ville de Hull (*coin supérieur droit*), l'hôtel de ville d'Ottawa (*coin inférieur gauche*) et l'édifice du Ministère des Affaires extérieures (*coin inférieur droit*).

Hull's new city centre, redeveloped in the 1970's by all levels of government, has brought a new vitality to the downtown area.

Le réaménagement du noyau urbain de Hull au cours des années '70 a été rendu possible grâce aux efforts conjoints de tous les paliers du gouvernement et a revitalisé le centre-ville.

A magnificent sunset reflects Hull's impressive new skyline.

La nouvelle silhouette de Hull se reflète dans ce magnifique coucher de soleil.

Hull's downtown core, across the Ottawa River from Parliament Hill.

Le noyau urbain de Hull, sur l'autre rive de la rivière des Outaouais, face aux édifices du Parlement.

Recreational activities are making Ottawa-Hull a Capital for outdoor enthusiasts. Each year, thousands participate in the National Capital Marathon along the scenic driveways.

Les activités récréatives qui y sont offertes font d'Ottawa-Hull la capitale des amateurs de plein air. Chaque année, des milliers de participants prennent part au Marathon de la Capitale nationale qui se déroule le long des promenades panoramiques.

In Ottawa's historic Lower Town, many heritage buildings have been restored and renovated. Once the front wall of a tinsmith's house, this decorated house facade in Tin House Court has been preserved as an example of the tinsmith's intricate art.

La basse-ville est un secteur historique d'Ottawa où de nombreux bâtiments historiques ont été restaurés et rénovés. Cette façade ornée de l'ancienne demeure d'un ferblantier a été conservée à titre d'exemple de l'art complexe de ce type d'artisanat. Elle se trouve dans ce qu'on appelle la Cour de la maison de fer-blanc.

Spectacular fireworks over Parliament Hill are a highlight of Canada Day festivities on July 1st.

Un spectaculaire feu d'artifice vient couronner les célébrations de la Fête du Canada, le 1er juillet.

Crowds throng to Parliament Hill to join in the many activities and events celebrating Canada's birthday.

Des milliers de personnes affluent sur la colline du Parlement afin de prendre part aux nombreuses festivités de la Fête du Canada.

The National War Memorial stands in the heart of the Capital and was unveiled by King George VI just before the start of the Second World War. Bronze figures of Peace and Freedom stand above the arch, while the figures beneath represent every branch of the armed services.

Le Monument aux morts qui se dresse au coeur de la Capitale a été inauguré par le roi George VI quelque temps avant le début de la Seconde Guerre mondiale. Des personnages de bronze symbolisant la Paix et la Liberté se dressent sur l'arche au-dessus de représentants de chacune des forces armées.

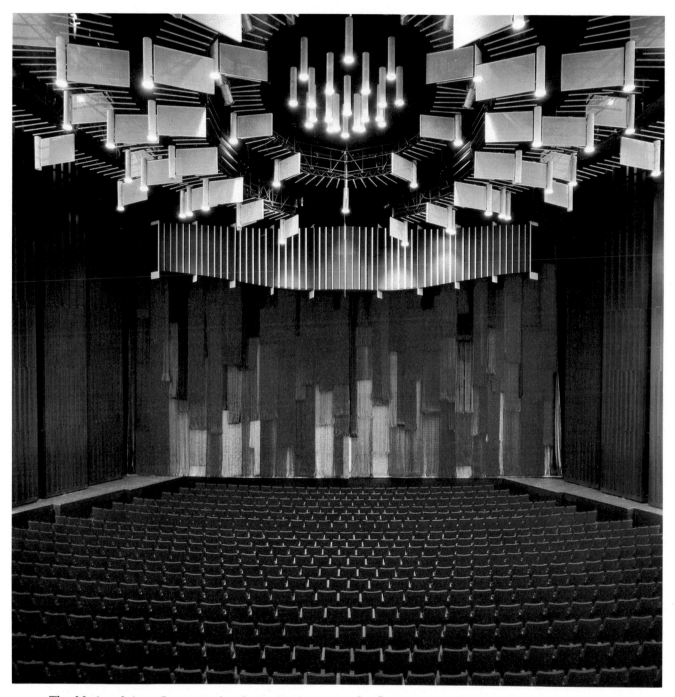

The National Arts Centre is the Capital's show-case for the performing arts. The unique hexoga-nal-shaped complex houses three theatres. A magnificent handmade curtain dominates the 2,300 seat Opera.

Le Centre national des Arts est le foyer des arts du spectacle. C'est un édifice extraordinaire de forme hexagonale, qui compte trois salles de spectacle. Un magnifique rideau confectionné à la main pare la scène de l'Opéra, une salle de 2 300 places.

This statue of Samuel de Champlain (*facing page*) overlooks the Ottawa River which he first explored in 1613. He holds an Astrolabe, an astronomical instrument used in the seventeenth century. Near the statue is Astrolabe (*above*), an open-air amphitheatre.

La statue de Samuel de Champlain (*ci-contre*) domine la rivière des Outaouais que cet explorateur a remontée pour la première fois en 1613. L'instrument que tient Champlain est un astrolabe, instrument astronomique utilisé au XVIIe siècle. Cette statue se trouve tout près du théâtre en plein air appelé l'Astrolabe (*ci-dessus*).

Changing the Guard on Parliament Hill is one of the Capital's most popular summer attractions.

La relève de la Garde est une des attractions estivales les plus populaires de la Capitale.

The daily ceremony offers an unrivalled combination of tradition, pageantry and military precision.

Cette cérémonie quotidienne allie tradition, pompe et précision militaire.

Many sculptures, both traditional and contemporary, adorn public buildings and open spaces throughout the Capital. This piece "Balancing" by John Hooper, enhances the grassy slopes near the National Arts Centre.

De nombreuses sculptures, tant traditionnelles que modernes, parent les abords des édifices publics et les espaces verts de la Capitale. Celle-ci, "Balancing" de John Hooper, orne les coteaux du Centre national des Arts.

Over 100 kilometres of recreational pathways in Canada's Capital are popular with cyclists, joggers and strollers.

Une centaine de kilomètres de sentiers récréatifs de la Capitale nationale font le bonheur des cyclistes, des coureurs et des promeneurs.

Graceful swans make their summer home on the Rideau River in Ottawa. These birds are descendants of a pair presented to the City by Queen Elizabeth.

Pendant l'été, on peut apercevoir ces cygnes élégants sur la rivière Rideau. Ceux-ci sont les descendants d'un couple offert à la ville par la reine Elisabeth.

This five-arch stone bridge was built at the turn of the century and is the only one of its type left in North America. It is found in Pakenham, one of many historic and picturesque villages in the National Capital Region.

Ce pont de pierre construit au début de siècle est unique en son genre en Amérique du Nord. Il se trouve à Pakenham, l'un des nombreux villages pittoresques de la Région de la Capitale nationale.

The National Capital Region, covering some 4,662 square kilometres, includes part of eastern Ontario and western Quebec.

La Région de la Capitale nationale s'étend sur 4 662 kilomètres carrés de l'est ontarien et de l'ouest québécois.

Stornoway, in Rockcliffe Village (*above*), has been the official residence of the Leader of the Opposition since 1948. The Mill of Kintail (*opposite page*) near Almonte, Ontario was built in 1830. Early in the 20th century it was bought and partially restored by the internationally famous physician and sculptor, Dr. Robert Tait McKenzie. The mill is now a museum displaying his sculptures.

Stornoway, dans le village de Rockcliffe, est la résidence officielle du Chef de l'Opposition depuis 1948 (*ci-dessus*). Le moulin de Kintail, près de Almonte en Ontario a été construit en 1930 (*ci-contre*). Au début de XX$^e$ siècle, le Dr Robert Tait McKenzie, médecin et sculpteur de renommée internationale, l'acheta et y entreprit des travaux de rénovation. Le moulin abrite maintenant un musée où l'on peut voir ses sculptures.

Summer in the Capital is a time of festivals and special events celebrating Canada's cultural heritage. The Canada Canoe Festival focuses on the important contributions of native peoples, voyageurs and fur traders in the early development of the country.

L'été donne lieu dans la Capitale à de nombreux festivals et événements spéciaux en hommage au patrimoine culturel des Canadiens. Ainsi, le Festival canadien du canot souligne la part importante qu'ont joué les autochtones, les voyageurs et les commerçants de fourrures dans le développement du pays.

The Rideau Canal has become one of Canada's main recreational waterways. Pleasure boaters cruise its waters in summer and it is often the centre of festivals and cultural activities.

Le canal Rideau est l'une des principales voies navigables récréatives au Canada. Des embarcations de plaisance sillonnent ses eaux l'été et ses abords sont souvent le centre de festivals et d'activités culturelles.

Ottawa-Hull is a Capital for all Canadians. There is something for everyone, from nature trails specially designed for the handicapped to beautiful sandy beaches.

Ottawa-Hull est la Capitale de tous les Canadiens. Elle a quelque chose pour plaire à chacun d'eux: des sentiers récréatifs spécialement aménagés pour les personnes handicapées aux magnifiques plages sablonneuses.

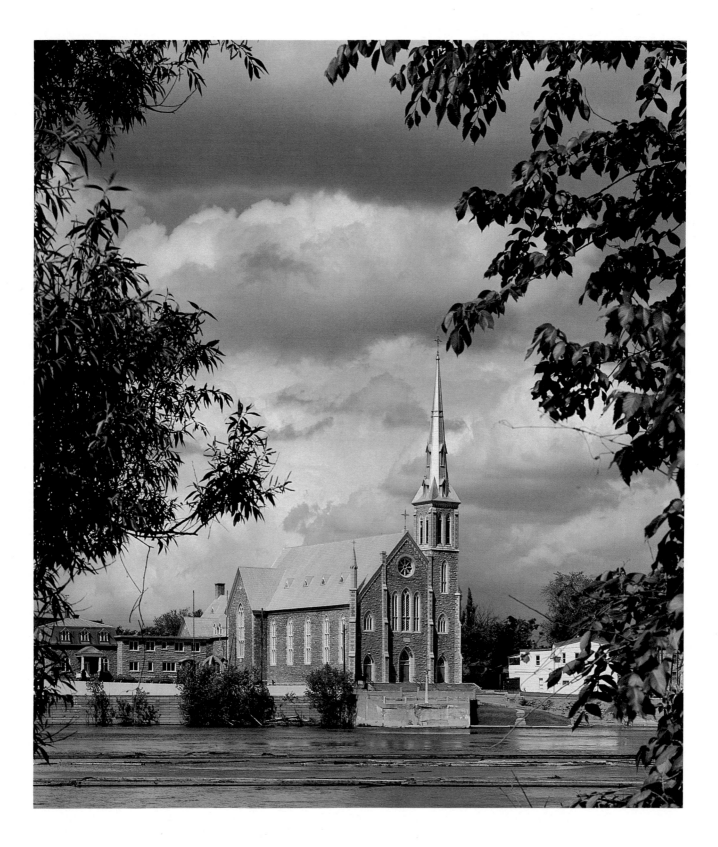

The National Capital Region is rich in heritage buildings, such as lovely St-François-de-Sales Church (1886) in Pointe Gatineau (*facing page*) and Riverview (1865) a massive stone mansion in Hull (*above*).

La Région de la Capitale nationale compte plusieurs édifices historiques tels la charmante église Saint-François-de-Salles à Gatineau, construite en 1886 (*ci-contre*) et Riverview (*ci-dessus*), une magnifique maison de pierre construite en 1865 à Hull.

The National Capital Region supports flourishing agricultural communities. Annual celebrations, such as this ploughing match at the Navan Fair, occur throughout the area.

La Région de la Commission de la Capitale nationale comprend des communautés agricoles florissantes. Des festivités annuelles, telles ce concours de labourage à la Foire de Navan, ont lieu un peu partout dans le région.

The National Capital's Greenbelt is a 20,000 hectare ribbon of green space surrounding Ottawa and separating it from suburban communities. This land is put to low density uses such as farming, public activities and conservation.

La Ceinture de verdure s'étend sur 20 000 hectares autour d'Ottawa, entre la ville et sa banlieue. Ces terrains ne sont utilisés que pour des activités telles que l'agriculture, des activités publiques et la conservation.

Pioneer days are brought to life at the Log Farm. Visitors are encouraged to join in activities such as planting, harvesting, spinning and butter-making.

La Vieille ferme fait revivre l'époque des pionniers. Les visiteurs peuvent prendre part à toutes sortes de tâches comme les semences, les récoltes, le filage et le barattage du beurre.

This living history farm in the Greenbelt represents life in the Ottawa Valley in the 1870's.

Cette ferme est une page d'histoire vivante qui nous ramène aux années 1870 dans la vallée de l'Outaouais.

At the Mackenzie King Estate in Gatineau Park, visitors can explore the country retreat of this enigmatic prime minister. The cottage houses a tea room and some of Mackenzie King's memorabilia.

Au domaine Mackenzie King, dans le parc de la Gatineau, les visiteurs peuvent explorer la maison de campagne de cet énigmatique Premier ministre. On y trouve un salon de thé et des objets qui ont appartenu à Mackenzie King.

"The Ruins" are a collection of architectural remains, assembled by Mackenzie King and scattered throughout the spacious grounds of his country estate.

"Les ruines" sont des pierres provenant de vestiges. Elles ont été collectionnées par Mackenzie King et assemblées un peu partout sur les terrains de sa résidence d'été.

Autumn is a season of unrivalled beauty in the National Capital Region.

Les couleurs automnales dans la Région de la Capitale nationale sont d'une beauté insurpassable.

The magnificent fall colours offer splendid views both in the Capital and in the surrounding area.

L'automne pare la Capitale et ses alentours d'une beauté incomparable.

A ride aboard the historic steam train from the Capital to Wakefield, a historic Quebec village on the Gatineau River, recreates the bygone days of steam rail transportation.

Une petit voyage dans le temps à bord d'une locomotive à vapeur vous mènera de la Capitale à Wakefield, un village pittoresque sur le bord de la rivière Gatineau.

Gatineau Park, in the Quebec sector of the National Capital, provides an unspoilt wilderness in which to discover nature's glory.

Le parc de la Gatineau, dans la partie québécoise de la Région de la Capitale nationale, est une réserve naturelle où l'on peut découvrir les beautés de la nature.

The 36,000 hectare Gatineau Park is a unique area of lakes and forests on the doorstep of the Capital. In addition to conservation and nature interpretation programs, the park provides public recreation facilities including beaches, camping, fishing, and hiking and skiing trails.

Le parc de la Gatineau occupe 36 000 hectares de forêts et de lacs à quelques minutes de la Capitale. On y offre des programmes sur la conservation et l'interprétation de la nature ainsi que des plages, des terrains de camping, des endroits pour pêcher, marcher ou skier.

Exhilarating downhill skiing is found only a 15-minute drive from the Peace Tower. The picturesque covered bridge in the village of Wakefield is a popular subject for artists and photographers.

De magnifiques pentes attendent les skieurs à quinze minutes de route de la Tour de la Paix. Le pittoresque pont couvert du village de Wakefield capte souvent l'attention des artistes et des photographes.

The M. K. Dickinson House in Manotick is a frame house built in 1871.

Cette maison de bois, la résidence de M. K. Dickinson, a été construite à Manotick en 1871.

This charming little log house was built by Braddish Billings, one of Ottawa's pioneers, in 1835.

Cette charmante maison en rondins a été construite par Braddish Billings, un des fondateurs
d'Ottawa, en 1835.

The Manotick Mill was opened in 1860. Today it grinds flour
which is sold to visitors.

Le moulin de Manotick a commencé à tourner en 1860. Aujourd'hui, on y moud de la farine que les visiteurs peuvent acheter.

Winter in the Capital is cause for celebration. Winterlude is a ten-day festival of fun and entertainment every February. Events include the exciting Canadian Club Classic, harness racing on the Rideau Canal ice.

L'hiver dans la Capitale est une occasion de se réjouir. Le Bal de neige offre dix jours de festivités en février. L'un des grands événements de ce festival est une course sous harnais, la Classique du Canadian Club, qui a lieu sur la glace du canal Rideau.

Most Winterlude activities take place on the Rideau Canal. Part of the Canal at Dows Lake is transformed into Ice Dream, a magical fairytale world of over 80 snow sculptures.

La majorité des activités se déroulent sur le canal Rideau. Ainsi, le lac Dow fait place au Jardin de givre, un monde enchanteur de plus de 80 sculptures de neige.

Gatineau Park is home to several species of Canadian wildlife
including these white-tailed deer.

Le parc de la Gatineau abrite un grand nombre d'animaux sauvages. On peut notamment y apercevoir des cerfs de Virginie.

Hull's historic waterworks building has been preserved and renovated to house a small theatre, Théâtre de l'Ile.

L'ancienne station hydraulique de Hull a été préservée et rénovée. Elle loge maintenant un petit théâtre, le théâtre de l'Île.

The historic Symmes Hotel in Aylmer, was built in 1832 by Charles Symmes, nephew of Philemon Wright who founded Hull. Today this historic inn is a restaurant.

L'Hôtel Symmes à Aylmer a été construit en 1832 par Charles Symmes, neveu du fondateur de Hull, Philemon Wright. Aujourd'hui, cet hôtel historique est un restaurant.

Each winter the Rideau Canal is transformed into the longest skating rink in the world, stretching almost eight kilometres through Ottawa.

Chaque hiver, le canal Rideau devient la plus longue patinoire au monde, quand presque 8 kilomètres de glace serpentent la ville.

In Hull's new urban core, a reflecting pool in summer becomes a skating rink in winter.

Cette pièce d'eau, au centre-ville de Hull, se transforme en patinoire pendant l'hiver.

Major's Hill is one of the Capital's oldest parks. Overlooking Parliament Hill and the entrance locks to the canal, it provides a peaceful retreat in the heart of the city.

Le parc Major's Hill est l'un des plus anciens parcs de la Capitale. Donnant sur la colline du Parlement et sur les écluses du canal, c'est un coin paisible au coeur de la ville.

A bronze statue of Colonel John By, who directed the building of the Rideau Canal, stands on Major's Hill near the site of his former house.

Une statue de bronze du Colonel By, qui fit construire le canal Rideau, se dresse dans le parc Major's Hill, près de l'endroit où se trouvait sa demeure.